Introduction : Plongée dans le monde dynamique de JavaScript.

Bienvenue dans "JavaScript Essentiel". Si vous tenez ce livre entre vos mains ou lisez ces mots sur un écran, c'est que vous avez décidé d'entamer un voyage à travers le paysage en constante évolution de JavaScript, l'un des langages de programmation les plus populaires et influents de notre époque.

La première question qui se pose est : pourquoi JavaScript ? Au fil des années, le monde du développement web a été témoin de l'émergence, de l'évolution et parfois de la disparition de nombreux langages. Cependant, JavaScript a non seulement survécu, mais il a également prospéré. Initialement conçu comme un simple outil pour rendre les pages web un peu plus interactives, il est aujourd'hui au cœur de presque toutes les applications web modernes, des plus simples aux plus sophistiquées. Et avec l'arrivée de Node.js, il a également fait ses preuves hors du navigateur, s'aventurant dans le monde du développement back-end.

Mais avant de plonger tête baissée dans le code et les concepts, prenons un moment pour comprendre notre destination. À travers ce livre, nous ne visons pas seulement à apprendre un ensemble de commandes, de fonctions ou de méthodes. Notre objectif est de comprendre la philosophie sous-jacente de JavaScript, de saisir sa flexibilité, son dynamisme, et d'apprendre à penser "à la JavaScript".

Qu'il s'agisse de votre première expérience avec la programmation ou que vous soyez un vétéran cherchant à ajouter une autre corde à votre arc, ce guide est conçu pour vous. Nous commencerons par les bases, en établissant une solide compréhension des fondamentaux, puis progresserons étape par étape, en explorant les aspects plus avancés et nuancés du langage.

Préparez-vous, car le voyage sera passionnant, parfois complexe, mais toujours enrichissant. À la fin de cette aventure, vous serez non seulement équipé des connaissances techniques nécessaires, mais vous aurez aussi développé une véritable intuition pour la création avec JavaScript. Alors, ouvrez grand vos esprits, chauffez vos claviers et commençons cette aventure ensemble !

Introduction à JavaScript

Qu'est-ce que JavaScript ?

JavaScript est un langage de programmation dynamique, polyvalent et interprété. À l'origine conçu pour ajouter de l'interactivité aux sites Web, il est devenu l'un des piliers du développement web, jouant un rôle crucial dans le trio frontal des technologies Web - HTML, CSS et JavaScript.

Histoire Brève

JavaScript a été créé en 1995 par Brendan Eich, alors qu'il travaillait pour Netscape Communications. Bien que son nom puisse prêter à confusion avec Java, un autre langage de programmation, les deux n'ont que peu de choses en commun. Le nom "JavaScript" est plutôt le résultat de décisions marketing et de la popularité de Java à l'époque.

Pourquoi apprendre JavaScript ?

- **Universel** : C'est le langage de programmation du Web. Tous les navigateurs modernes comprennent JavaScript, ce qui le rend indispensable pour le développement web moderne.

- **Flexible** : JavaScript peut être utilisé pour une multitude de tâches, allant de simples scripts pour changer le contenu d'une page en temps réel, à des applications complexes côté serveur avec Node.js.

- **Communauté forte** : Avec une énorme base d'utilisateurs, JavaScript bénéficie d'une communauté active, garantissant un flux constant de nouvelles bibliothèques, cadres (frameworks) et outils pour aider les développeurs.

- **Emploi** : La demande pour les développeurs JavaScript est élevée, avec une multitude de rôles disponibles, allant du développement frontal au développement de serveurs, en passant par le développement de jeux, de mobiles, et bien plus encore.

Comment fonctionne JavaScript ?

À l'opposé de langages compilés comme C ou Java, JavaScript est interprété. Cela signifie que le code est exécuté ligne par ligne, à la volée, sans nécessiter de compilation. Dans le contexte du web, c'est le navigateur qui se charge d'interpréter et d'exécuter le code JavaScript à l'aide de son moteur JavaScript intégré (comme V8 pour Chrome).

L'écosystème JavaScript

Avec le temps, JavaScript a évolué pour devenir bien plus qu'un simple outil pour rendre les sites Web interactifs. Aujourd'hui, avec des environnements comme Node.js, JavaScript peut être exécuté côté serveur. De plus, une multitude de bibliothèques (comme jQuery) et de cadres (comme React, Vue et Angular) ont été développés pour étendre les capacités de JavaScript et faciliter le développement.

En résumé, JavaScript est un pilier du développement web, une compétence essentielle pour quiconque souhaite entrer dans le monde de la conception web moderne. Son rôle s'est étendu au-delà du navigateur, faisant de lui un langage véritablement universel pour le développement web et logiciel. Avec une riche histoire, une grande adaptabilité et une demande croissante sur le

marché du travail, il n'y a jamais eu de meilleur moment pour apprendre JavaScript.

Histoire et évolution de JavaScript

Débuts et Contexte Initial (1995)

Netscape Navigator: En 1995, alors que la guerre des navigateurs faisait rage, Netscape Navigator était le navigateur dominant. Pour rester compétitif et améliorer l'interactivité du Web, Netscape voulait intégrer un langage de programmation léger dans son navigateur.

Naissance de JavaScript: Brendan Eich, un ingénieur chez Netscape, a créé un langage initialement nommé Mocha en seulement 10 jours. Peu de temps après, il a été renommé LiveScript, puis finalement JavaScript, en raison de la popularité du langage de programmation Java à cette époque. Il est important de noter que malgré leur nom similaire, Java et JavaScript sont fondamentalement différents.

Standardisation (1997)

ECMAScript: Pour assurer la cohérence et l'interopérabilité entre les différentes implémentations, JavaScript a été soumis à l'ECMA International pour standardisation en 1996. L'année suivante, la première édition de la norme ECMAScript a été publiée. ECMAScript est le nom de la norme, tandis que JavaScript est l'implémentation la plus célèbre de cette norme.

Les années 2000 : L'ascension

Microsoft et JScript: Microsoft a lancé sa propre version de JavaScript, appelée JScript, intégrée à Internet Explorer. Cela a contribué à populariser le langage, même si cela a également entraîné des différences dans la façon dont le langage fonctionnait sur différents navigateurs.

AJAX: En 2005, une nouvelle technique appelée AJAX (Asynchronous JavaScript and XML) a été popularisée, permettant aux pages Web de récupérer des données en arrière-plan sans avoir à recharger la page entière. Cela a marqué le début d'une nouvelle ère de développement web riche et interactif, et JavaScript était au cœur de cette révolution.

L'ère moderne (2010 à aujourd'hui)

Node.js: En 2009, Ryan Dahl a introduit Node.js, une plateforme permettant d'exécuter JavaScript côté serveur. Cela a étendu les capacités de JavaScript au-delà du navigateur, permettant aux développeurs de créer des applications Web complètes avec un seul langage pour le client et le serveur.

Frameworks et Bibliothèques: Des frameworks comme Angular, React et Vue.js ont émergé, rendant le développement d'applications Web complexes plus gérable et efficace. Ces outils, basés sur JavaScript, ont aidé à définir le développement web moderne.

* **ES6 et au-delà**: ECMAScript 2015, également connu sous le nom d'ES6, a introduit une multitude de nouvelles fonctionnalités, telles que les classes, les promesses, et les fonctions fléchées. Depuis lors, de nouvelles versions d'ECMAScript sont publiées chaque année, apportant régulièrement des améliorations et des fonctionnalités au langage.

L'histoire de JavaScript est celle d'un langage conçu à l'origine pour de simples interactions sur le Web, mais qui s'est transformé en une force dominante dans le monde du développement web. Sa croissance rapide, sa flexibilité et sa large adoption en font l'un des langages de programmation les plus influents et les plus utilisés à ce jour.

Pourquoi apprendre JavaScript ?

L'importance de JavaScript dans le paysage technologique moderne ne peut être sous-estimée. Voici quelques raisons majeures d'apprendre ce langage :

1. **Langage du Web**: Tout d'abord, JavaScript est le langage de programmation du Web. C'est l'un des trois piliers fondamentaux du développement web, aux côtés de HTML (structure) et CSS (style). Si vous voulez développer des sites web ou des applications web interactifs, la connaissance de JavaScript est essentielle.

2. **Portabilité**: Avec l'arrivée de Node.js, JavaScript a transcendé le navigateur et est devenu une force sur le serveur aussi. Cela signifie que vous pouvez écrire du code qui fonctionne à la fois côté client et côté serveur, un concept appelé "JavaScript isomorphique" ou "JavaScript universel".

3. **Demande sur le marché du travail**: La demande pour les développeurs JavaScript est constamment élevée. Que ce soit pour le développement front-end, back-end avec Node.js, ou même pour des rôles centrés sur des frameworks spécifiques comme React, Angular ou Vue.js, il y a une abondance d'opportunités pour les développeurs qualifiés.

4. **Écosystème riche et dynamique**: La communauté JavaScript est l'une des plus actives. Cela signifie un flux constant de nouvelles bibliothèques, frameworks et outils pour aider à résoudre de nouveaux problèmes ou simplifier les tâches existantes. Npm, le gestionnaire de packages pour JavaScript, contient des centaines de milliers de paquets pour presque toutes les utilisations imaginables.

5. **Flexibilité**: JavaScript est incroyablement polyvalent. Il peut être utilisé pour des tâches simples, comme faire clignoter du texte sur une page web, jusqu'à des applications web complexes, des jeux, des applications mobiles avec des outils comme React Native, des applications de bureau avec Electron, et même des applications IoT (Internet of Things).

6. **Communauté et ressources**: En tant que l'un des langages les plus populaires, il existe une vaste quantité de ressources d'apprentissage, allant des tutoriels pour débutants aux discussions approfondies sur des sujets avancés. De plus, il existe de nombreux forums, groupes de développeurs et conférences dédiés à JavaScript, facilitant l'apprentissage et le réseautage.

7. **Evolution constante**: JavaScript ne stagne jamais. Avec les mises à jour annuelles d'ECMAScript, de nouvelles fonctionnalités et améliorations sont régulièrement ajoutées au langage, le gardant frais et pertinent.

En conclusion, apprendre JavaScript ouvre la porte à une multitude d'opportunités, que ce soit en termes de carrière, d'apprentissage continu ou de création d'applications innovantes. Son omniprésence, sa flexibilité et sa puissance font de lui un choix de premier plan pour tout aspirant développeur ou expert technologique.

Environnement de développement : navigateurs,

Le développement en JavaScript nécessite un ensemble d'outils et d'environnements spécifiques pour garantir une production efficace, des tests fiables et une débogage facilité. Voyons comment les navigateurs entrent en jeu et quelles autres ressources sont essentielles pour un environnement de développement JavaScript optimal.

1. **Navigateurs**:

   - **Interprétation du code**: Les navigateurs sont équipés de moteurs JavaScript qui interprètent et exécutent le code JavaScript. Par exemple, V8 est le moteur utilisé par Chrome et Node.js, tandis que SpiderMonkey est celui de Firefox.

   - **Outils de développement intégrés**: La plupart des navigateurs modernes incluent des outils pour les développeurs, souvent appelés "DevTools". Ils permettent d'inspecter et de modifier le DOM en temps réel, de déboguer le JavaScript, d'analyser les performances, de visualiser les demandes réseau et bien plus encore.

   - **Compatibilité et tests**: Tous les navigateurs n'interprètent pas le JavaScript de la même manière. Bien que les normes aient beaucoup amélioré la situation, il est toujours essentiel de tester le code sur plusieurs navigateurs pour s'assurer de sa compatibilité.

2. **Éditeurs de Code et IDEs**:

   - **Visual Studio Code (VS Code)**: Cet éditeur gratuit de Microsoft est devenu l'un des favoris des développeurs JavaScript grâce à sa légèreté, sa personnalisation et une vaste bibliothèque d'extensions.

- **WebStorm**: Un IDE complet dédié au JavaScript, avec des fonctionnalités avancées pour le débogage, la refactorisation et la gestion des projets.

   - **Sublime Text et Atom**: Deux autres éditeurs populaires avec une forte prise en charge de JavaScript et une personnalisation élevée.

3. **Node.js**:

   - Bien qu'il ne s'agisse pas d'un navigateur, Node.js est crucial pour l'écosystème JavaScript moderne. Il s'agit d'un environnement d'exécution JavaScript côté serveur qui utilise le moteur V8 de Chrome. Avec Node.js, vous pouvez exécuter du JavaScript en dehors d'un navigateur, ce qui est essentiel pour le développement back-end ou pour utiliser des outils basés sur JavaScript.

4. **Gestionnaires de packages**:

   - **npm (Node Package Manager)**: Il s'agit du gestionnaire de packages par défaut pour Node.js, permettant aux développeurs d'installer et de gérer des bibliothèques et des outils JavaScript.

   - **yarn**: Une alternative à npm, offrant des performances améliorées et une meilleure sécurité.

5. **Transpileurs et Bundlers**:

   - **Babel**: Permet aux développeurs d'écrire du JavaScript moderne (ES6, ES7, etc.) qui est ensuite "transpilé" en JavaScript ES5 pour assurer la compatibilité avec les anciens navigateurs.

- **Webpack**: Un outil de regroupement de modules qui prend en charge des dépendances complexes et les regroupe en fichiers compacts et optimisés.

Avoir le bon environnement de développement est crucial pour garantir une expérience de codage fluide, des tests efficaces et une production de qualité. En combinant des navigateurs modernes avec les bons outils et ressources, les développeurs peuvent maximiser leur efficacité et produire des applications JavaScript robustes et performantes. Pour ma pars j'ai commencé avec sublime texte pour finir avec visual studio code.

Bases de JavaScript

Variables et Types de Données

Variables: Les variables sont utilisées pour stocker des informations pour être référencées et manipulées dans un programme. Elles peuvent contenir des données comme des nombres, du texte ou même des objets.

```
let age = 25;
const pi = 3.14159;
```

Types de données: JavaScript est un langage faiblement typé, ce qui signifie que vous n'avez pas besoin de déclarer le type de données d'une variable lors de sa création.

Primitives : Number, String, Boolean, Undefined, Null, Symbol, BigInt.

Objects: Array, Function, Object.

Structures de Contrôle

Conditionnelles : Permettent d'exécuter du code en fonction d'une condition.

```javascript
if (age > 18) {
    console.log("Vous êtes majeur.");
} else {
    console.log("Vous êtes mineur.");
}
```

Boucles: Pour exécuter du code de manière répétée.

```javascript
for (let i = 0; i < 10; i++) {
    console.log(i);
}
```

Fonctions

Les fonctions permettent de grouper un ensemble d'instructions pour effectuer une tâche spécifique.

```javascript
function greet(name) {
    return "Bonjour " + name;
}
```

Opérateurs

Arithmétiques: +, -, *, /, %, ++, --.

Comparaison: ==, ===, !=, !==, <, >, <=, >=.

Logiques: &&, ||, !.

Objets et Tableaux

Objets: Collections de clés et de valeurs.

```javascript
const person = {
    firstName: "John",
    lastName: "Doe",
    age: 30
};
```

Tableaux : Listes ordonnées d'éléments.

```javascript
const fruits = ["apple", "banana", "cherry"];
```

Événements

Les événements permettent d'exécuter du code en réponse à certaines actions de l'utilisateur, comme un clic de souris ou une frappe au clavier.

```javascript
button.addEventListener("click", function() {
    alert("Bouton cliqué !");
});
```

Erreur et Gestion des Exceptions

Utilisez try, catch, et finally pour gérer les exceptions et traiter les erreurs de manière élégante.

```javascript
try {
    nonExistentFunction();
} catch (error) {
    console.log("Une erreur est survenue: " + error.message);
} finally {
    console.log("Toujours exécuté, qu'il y ait une erreur ou non.");
}
```

Apprendre les bases de JavaScript est essentiel pour comprendre les concepts plus avancés et pour devenir un développeur JavaScript compétent. Ces fondamentaux forment la base sur laquelle repose tout le développement en JavaScript.

Syntaxe

La syntaxe est l'ensemble des règles qui définissent comment les programmes dans un langage de programmation sont construits. Comprendre la syntaxe de JavaScript est crucial pour écrire du code correct et efficace. Voici un aperçu des éléments fondamentaux de la syntaxe de JavaScript :

1. Déclaration de Variables :

Avec les mots-clés var (ancienne manière), let (ES6+ pour les variables qui peuvent changer), et const (ES6+ pour les constantes).

```
let age = 25;
const PI = 3.14159;
```

2. Identifiants :

Les noms utilisés pour décrire variables, fonctions, objets, etc. Ils commencent généralement par une lettre, un $ ou un _, suivis de lettres, de chiffres, de $ ou de _.

3. Sensibilité à la casse :

JavaScript est sensible à la casse, ce qui signifie que myVariable, MyVariable, et MYVARIABLE sont considérés comme des identifiants distincts.

4. Points-virgules :

Utilisés pour séparer les instructions, bien que leur utilisation soit souvent optionnelle grâce à l'insertion automatique de point-virgule par JavaScript.

```
let x = 5;
let y = 6;
```

5. Commentaires :

Pour ajouter des notes ou pour désactiver temporairement une partie du code.

```
// Ceci est un commentaire sur une ligne
/* Ceci est un
   commentaire multiligne */
```

6. Opérateurs :

Utilisés pour effectuer des opérations sur des variables et des valeurs.

```javascript
let x = 5 + 6;   // Addition
let y = x * 2;   // Multiplication
```

7. Structures de Contrôle :

Telles que if...else, switch, for, while, etc. Elles utilisent des accolades {} pour délimiter les blocs de code.

```javascript
if (x > y) {
    console.log("x est plus grand que y");
}
```

8. Fonctions :

Blocs de code conçus pour effectuer une tâche particulière.

```javascript
function myFunction(name) {
    return "Hello " + name;
}
```

9. Espaces Blancs :

JavaScript ignore les espaces blancs multiples. Cela donne la liberté d'utiliser des espaces, des tabulations, et des nouvelles lignes pour organiser et rendre le code lisible.

10. Littéraux :

Valeurs directement écrites dans le code source, comme 42 (nombre littéral), "Hello" (chaîne littérale) ou true (booléen littéral).

En comprenant bien ces éléments de base de la syntaxe de JavaScript, vous poserez des bases solides pour écrire du code propre, efficace et sans erreur. Comme pour tout langage, la pratique est essentielle, donc la meilleure façon de se familiariser avec la syntaxe de JavaScript est de l'utiliser activement.

Types de données

JavaScript est un langage de programmation dynamiquement typé, ce qui signifie que vous n'avez pas besoin de déclarer le type de données d'une variable lorsque vous la créez. Cependant, il est crucial de comprendre les types de données disponibles pour écrire des programmes robustes et éviter des erreurs inattendues. Voici un aperçu des types de données fondamentaux en JavaScript :

1. Primitives (ou types de données primitifs):

String : Représente une séquence de caractères. Les chaînes sont entourées de guillemets simples (' '), doubles (" ") ou des backticks (`).

```javascript
let greeting = "Hello World!";
let name = 'John';
let template = `My name is ${name}`;
```

Number: Représente un nombre, qu'il soit entier ou à virgule flottante.

```javascript
let age = 25;
let price = 9.99;
```

Boolean : Représente une valeur vraie ou fausse.

```javascript
let isAdult = true;
let isStudent = false;
```

Undefined: Représente une variable qui a été déclarée mais qui n'a pas encore reçu de valeur.

```javascript
let futureValue;
console.log(futureValue);  // Affiche: undefined
```

Null: Représente l'absence intentionnelle de valeur. Elle doit être assignée explicitement à une variable.

```javascript
let emptyValue = null;
```

BigInt: Introduit récemment, ce type permet de représenter des entiers de taille arbitraire.

```javascript
const bigNumber = 12345678901234567890123456789012345678 90n;
```

Symbol (ES6): Représente une valeur unique et immuable, généralement utilisée comme clé pour les propriétés d'objet.

```javascript
const uniqueSymbol = Symbol('description');
```

2. Object (ou types de données référencés):

Object: Une collection de propriétés associées à des valeurs. Chaque propriété est identifiée par une clé.

```javascript
let person = {
   firstName: "John",
   lastName: "Doe",
   age: 30
};
```

Array: Liste ordonnée d'éléments. Chaque élément est accessible par un index numérique.

```javascript
let colors = ['red', 'green', 'blue'];
```

Function: En JavaScript, les fonctions sont des objets de première classe, ce qui signifie qu'elles peuvent être passées en tant qu'arguments, retournées par d'autres fonctions et assignées à des variables.

```javascript
function greet(name) {
   return "Hello, " + name;
}
```

3. Special Objects:

Date: Pour la manipulation des dates.

```javascript
let today = new Date();
```

RegExp: Pour la manipulation des expressions régulières.

```
let pattern = /o+/g;
```

Comprendre les différents types de données en JavaScript est fondamental pour traiter efficacement l'information et interagir avec diverses API ou bases de données. En se familiarisant avec ces types, un développeur peut s'assurer que son code est non seulement fonctionnel, mais aussi optimisé pour des opérations spécifiques.

Variables (let, const, var)

Les variables sont des conteneurs pour stocker des valeurs de données. En JavaScript, vous pouvez déclarer des variables à l'aide des mots-clés var, let et const. Il est crucial de comprendre les différences et les meilleures pratiques pour chaque déclaration.

1. var (Ancienne méthode):

Portée : var est fonctionnellement (ou localement) scopée. Si elle est déclarée à l'extérieur d'une fonction, elle est globalement scopée.

```
var globalVar = "I'm global!";
function testFunction() {
    var localVar = "I'm local!";
}
```

Elévation (Hoisting): Les variables déclarées avec var sont élevées (ou "hoisted") vers le haut de leur portée. Cela signifie qu'elles peuvent être utilisées avant leur déclaration.

```
console.log(myVar);  // undefined
var myVar = 5;
```

Rédéclaration: Une variable déclarée avec var peut être redéclarée sans générer d'erreur.

```javascript
var exampleVar = "Hello";
var exampleVar = "World";
```

2. let (ES6):

Portée: let est bloquée scopée. Elle n'existe que dans le bloc où elle a été définie.

```javascript
if (true) {
    let blockScoped = "I'm block scoped!";
}
```

Hoisting: Comme var, les variables déclarées avec let sont également élevées. Cependant, elles ne sont pas initialisées, ce qui signifie que vous obtiendrez une erreur de référence si vous essayez de les utiliser avant leur déclaration.

```javascript
console.log(myLet); // ReferenceError
let myLet = 5;
```

Rédéclaration: Une variable déclarée avec let dans une certaine portée ne peut pas être redéclarée dans cette même portée.

```javascript
let exampleLet = "Hello";
// This will throw an error
let exampleLet = "World";
```

3. const (ES6):

Portée: Tout comme let, const est bloquée scopée.

Constante: Comme son nom l'indique, une variable déclarée avec const est constante, ce qui signifie qu'une fois qu'elle a reçu une valeur, elle ne peut pas être réaffectée.

```javascript
const PI = 3.14159;
// This will throw an error
PI = 3.14;
```

Hoisting: Semblable à let, les variables déclarées avec const sont élevées mais non initialisées.

Rédéclaration: Une variable déclarée avec const dans une certaine portée ne peut pas être redéclarée dans cette même portée.

Conseil pratique: Privilégiez toujours const par défaut. Si vous savez que la valeur de la variable va changer, utilisez let. Évitez d'utiliser var dans le code moderne de JavaScript, car cela peut entraîner des erreurs et des comportements inattendus.

Opérateurs

Les opérateurs en JavaScript sont des symboles qui exécutent des opérations sur une ou plusieurs valeurs (variables et littéraux). Voici un aperçu des types d'opérateurs les plus couramment utilisés et des exemples associés :

1. Opérateurs arithmétiques :

Addition (+): Somme deux nombres ou concatène deux chaînes de caractères.

```javascript
let sum = 5 + 3;         // 8
let greeting = "Hello" + " World"; // "Hello World"
```

Soustraction (-): Soustrait un nombre d'un autre.

```javascript
let difference = 9 - 4;  // 5
```

Multiplication (*): Multiplie deux nombres.

```javascript
let product = 7 * 6;  // 42
```

Division (/): Divise un nombre par un autre.

```javascript
let quotient = 8 / 2;  // 4
```

Modulo (%): Renvoie le reste d'une division.

```javascript
let remainder = 9 % 4;  // 1
```

Incrémentation (++): Augmente la valeur d'une variable d'une unité.

```
let count = 5;
count++; // 6
```

Décrémentation (--): Diminue la valeur d'une variable d'une unité.

```
let count = 5;
count--; // 4
```

2. Opérateurs d'assignation :

Assignation simple (=):

```
let x = 10;
```

Addition et assignation (+=):

```
x += 5; // x = x + 5
```

Soustraction et assignation (-=):

```
x -= 3; // x = x - 3
```

Multiplication et assignation (*=):

```
x *= 2; // x = x * 2
```

Division et assignation (/=):

```
x /= 5; // x = x / 5
```

3. Opérateurs de comparaison:

Égal à (==): Vérifie si deux valeurs sont égales (ne tient pas compte du type de données).

```
(5 == '5') // true
```

Différent de (!=): Vérifie si deux valeurs sont différentes (ne tient pas compte du type de données).

```
(5 != '6') // true
```

4. Opérateurs logiques:

ET (&&): Renvoie true si les deux opérandes sont vrais.

```
(true && true)  // true
```

OU (||) : Renvoie true si au moins un des opérandes est vrai.

```
(true || false)  // true
```

NON (!): Inverse la valeur de vérité.

```
!true  // false
```

Ces opérateurs sont la base de nombreuses opérations en JavaScript et sont essentiels pour effectuer des calculs, des affectations, des comparaisons et des évaluations logiques. Une maîtrise solide de ces concepts est cruciale pour tout développeur JavaScript.

Contrôle de flux

Le contrôle de flux en programmation désigne l'ordre dans lequel les instructions sont exécutées. En JavaScript, comme dans de nombreux autres langages de programmation, vous pouvez utiliser des structures conditionnelles et des boucles pour contrôler le flux d'exécution.

1. Structures conditionnelles :

if : Teste une condition et exécute un bloc de code si cette condition est vraie.

```
if (condition) {
    // Code à exécuter si la condition est vraie
}
```

if...else: Teste une condition et exécute un bloc de code si cette condition est vraie, sinon il exécute un autre bloc de code.

```
if (condition) {
    // Code à exécuter si la condition est vraie
} else {
    // Code à exécuter si la condition est fausse
}
```

if...else if...else: Permet de tester plusieurs conditions.

```
if (condition1) {
    // Code à exécuter si condition1 est vraie
} else if (condition2) {
    // Code à exécuter si condition2 est vraie
} else {
    // Code à exécuter si aucune condition n'est vraie
}
```

switch: Évalue une expression et dirige l'exécution vers la première instruction case correspondante.

```
switch(expression) {
    case value1:
        // Code à exécuter si expression égale value1
        break;
    case value2:
        // Code à exécuter si expression égale value2
        break;
    default:
        // Code à exécuter si aucune valeur ne correspond
}
```

2. Boucles:

for: Répète un bloc de code un nombre défini de fois.

```
for (initialisation; condition; post-expression) {
    // Code à exécuter à chaque itération
}
```

while: Répète un bloc de code tant qu'une condition est vraie.

```
while (condition) {
    // Code à exécuter tant que la condition est vraie
}
```

do...while: Semblable à la boucle while, mais elle exécute le bloc de code au moins une fois, avant de tester la condition.

```
do {
    // Code à exécuter au moins une fois
} while (condition);
```

for...of (ES6): Parcoure les éléments d'objets itérables tels que des tableaux, des chaînes de caractères, etc.

```
for (let item of iterable) {
    // Code à exécuter pour chaque élément
}
```

for...in: Parcoure les propriétés énumérables d'un objet.

```
for (let property in object) {
    // Code à exécuter pour chaque propriété
}
```

Le contrôle de flux est essentiel pour écrire des programmes qui peuvent prendre des décisions et répéter des actions. En maîtrisant ces structures, vous serez en mesure de créer des programmes JavaScript plus complexes et interactifs.

Instructions conditionnelles (if, else, switch)

Les instructions conditionnelles permettent à un programme de prendre des décisions et d'exécuter différents blocs de code selon que certaines conditions sont remplies ou non.

1. if:

L'instruction if est utilisée pour exécuter un bloc de code seulement si une condition donnée est vraie.

```
if (condition) {
    // Ce bloc de code est exécuté si la condition est vraie
}
```

Exemple :

```
let age = 18;
if (age >= 18) {
    console.log("Vous pouvez voter.");
}
```

2. if...else:

L'instruction if...else permet de créer deux branches d'exécution : une pour quand la condition est vraie et une autre pour quand elle est fausse.

```
if (condition) {
    // Ce bloc de code est exécuté si la condition est vraie
} else {
    // Ce bloc de code est exécuté si la condition est fausse
}
```

Exemple :

```
let age = 16;
if (age >= 18) {
    console.log("Vous pouvez voter.");
} else {
    console.log("Vous ne pouvez pas encore voter.");
}
```

3. if...else if...else:

Permet de tester plusieurs conditions en séquence. Si la première condition n'est pas remplie, la suivante est testée, et ainsi de suite.

```
if (condition1) {
    // Exécuté si condition1 est vraie
} else if (condition2) {
    // Exécuté si condition1 est fausse mais condition2 est vraie
} else {
    // Exécuté si aucune des conditions ci-dessus n'est vraie
}
```

Exemple :

```
let score = 85;
if (score >= 90) {
    console.log("Grade A");
} else if (score >= 80) {
    console.log("Grade B");
} else {
    console.log("Grade C");
}
```

4. switch:

L'instruction switch est utilisée pour effectuer une comparaison multiple basée sur la valeur d'une expression. Elle est souvent utilisée comme alternative aux instructions if...else if...else lorsqu'il y a de nombreux cas à vérifier.

```javascript
switch(expression) {
    case value1:
        // Exécuté si expression est égale à value1
        break;
    case value2:
        // Exécuté si expression est égale à value2
        break;
    default:
        // Exécuté si aucune des valeurs ci-dessus ne correspond
}
```

Exemple :

```javascript
let day = 3;
switch(day) {
    case 1:
        console.log("Lundi");
        break;
    case 2:
        console.log("Mardi");
        break;
    case 3:
        console.log("Mercredi");
        break;
    // ... autres jours ...
    default:
        console.log("Ce n'est pas un jour valide.");
}
```

La maîtrise de ces instructions conditionnelles est essentielle pour écrire des programmes JavaScript qui peuvent réagir différemment en fonction des entrées ou des situations rencontrées.

Boucles (for, while, do-while)

Les boucles permettent de répéter certaines actions plusieurs fois en fonction d'une condition donnée. Les boucles sont essentielles pour automatiser des tâches répétitives et pour traiter des collections de données.

1. for :

La boucle for est couramment utilisée pour exécuter un bloc de code un nombre défini de fois. Elle est composée de trois expressions : l'initialisation, la condition de test, et l'expression finale.

```
for (initialisation; condition; post-expression) {
    // Bloc de code à exécuter à chaque itération
}
```

Exemple :

```
for (let i = 0; i < 5; i++) {
    console.log("Numéro:", i);
}
```

2. while:

La boucle while répète un bloc de code tant que la condition donnée est vraie.

```
while (condition) {
    // Bloc de code à exécuter tant que la condition est vraie
}
```

Exemple :

```
let count = 0;
while (count < 5) {
    console.log("Numéro:", count);
    count++;
}
```

3. do-while:

La boucle do-while est similaire à la boucle while, à la différence qu'elle garantit que le bloc de code sera exécuté au moins une fois, car la vérification de la condition vient après l'exécution du bloc de code.

```
do {
    // Bloc de code à exécuter
} while (condition);
```

Exemple :

```
let value;
do {
    value = prompt("Entrez un nombre supérieur à 5:");
} while (value <= 5);
```

Utiliser efficacement les boucles est une compétence fondamentale en programmation. Elles vous permettent de simplifier et d'automatiser de nombreux types de tâches, de la manipulation de données à la création d'interactions utilisateur dynamiques. Cependant, il est important d'utiliser les boucles avec précaution pour éviter les boucles infinies, qui peuvent causer des problèmes et faire planter votre programme ou votre navigateur.

Fonctions

Les fonctions sont des blocs de code réutilisables qui exécutent une tâche spécifique. En JavaScript, les fonctions sont des objets de première classe, ce qui signifie qu'elles peuvent être assignées à des variables, passées en tant qu'arguments à d'autres fonctions, et retournées comme valeurs. Les fonctions améliorent la lisibilité, la modularité et la réutilisabilité du code.

1. Déclaration de fonction :

La manière la plus courante de définir une fonction en JavaScript est via une déclaration de fonction.

```
function nomDeLaFonction(parametre1, parametre2, ...) {
    // Corps de la fonction
}
```

Exemple :

```javascript
function saluer(nom) {
    console.log("Bonjour, " + nom + "!");
}
saluer("Alice");   // Affiche: "Bonjour, Alice!"
```

2. Expressions de fonction :

Il est aussi possible de définir des fonctions via des expressions de fonction.

```javascript
const maFonction = function(parametre1, parametre2, ...) {
    // Corps de la fonction
};
```

Exemple :

```javascript
const addition = function(a, b) {
    return a + b;
};
console.log(addition(3, 4));   // Affiche: 7
```

3. Fonctions fléchées (ES6):

Introduites avec ES6, les fonctions fléchées offrent une syntaxe plus concise pour écrire des fonctions.

```javascript
const nomDeLaFonction = (parametre1, parametre2, ...) => {
    // Corps de la fonction
};
```

Exemple :

```javascript
const multiplier = (a, b) => a * b;
console.log(multiplier(3, 4));   // Affiche: 12
```

4. Paramètres et arguments :

Paramètres par défaut : Vous pouvez définir des valeurs par défaut pour vos paramètres, qui seront utilisées si aucun argument n'est fourni pour ce paramètre.

```javascript
function saluer(nom = "visiteur") {
    console.log("Bonjour, " + nom + "!");
}
saluer();  // Affiche: "Bonjour, visiteur!"
```

Rest parameters (ES6): Permet de représenter un nombre indéfini d'arguments sous forme d'array.

```javascript
function afficherNombres(...nombres) {
    for(let num of nombres) {
        console.log(num);
    }
}
afficherNombres(1, 2, 3, 4);  // Affiche 1, puis 2, puis 3, puis 4
```

5. Portée des fonctions :

En JavaScript, chaque fonction crée une nouvelle "portée". Cela signifie que les variables définies à l'intérieur d'une fonction ne sont pas accessibles à l'extérieur de cette fonction. Cependant, une fonction peut accéder aux variables définies à l'extérieur de sa portée.

Les fonctions sont l'un des éléments fondamentaux de la programmation JavaScript. Bien comprendre et maîtriser leur utilisation est crucial pour devenir un développeur JavaScript efficace.

Déclaration et Expression de Fonction en JavaScript

L'une des caractéristiques fondamentales de la programmation est la capacité de créer des fonctions qui permettent de regrouper du code réutilisable. En JavaScript, il existe plusieurs façons de définir des fonctions, notamment par la déclaration de fonction et l'expression de fonction.

1. Déclaration de fonction

La déclaration de fonction est la manière la plus courante de définir une fonction en JavaScript. Elle utilise le mot-clé function suivi du nom de la fonction, d'une liste de paramètres entre parenthèses et du corps de la fonction entre accolades.

Syntaxe :

```
function nomDeLaFonction(parametre1, parametre2, ...) {
    // Corps de la fonction
}
```

Exemple :

```
function saluer(nom) {
    console.log("Bonjour, " + nom + "!");
}
saluer("Alice");   // Affiche: "Bonjour, Alice!"
```

Avantages :

La fonction est "hoisted" (elle est déplacée vers le haut de son contexte d'exécution), ce qui signifie qu'elle peut être appelée avant sa déclaration dans le code.

2. Expression de fonction

L'expression de fonction définit une fonction dans le cadre d'une expression, plutôt que dans une déclaration. La fonction peut être anonyme (sans nom) ou nommée.

Syntaxe :

```
const nomVariable = function nomOptionnelDeLaFonction(parametre1, parametre2, ...) {
    // Corps de la fonction
};
```

Exemple :

```
const addition = function(a, b) {
    return a + b;
};
console.log(addition(3, 4));   // Affiche: 7
```

Avantages :

Peut être utilisée pour créer des fonctions immédiatement invoquées (Immediately Invoked Function Expressions, IIFE) qui s'exécutent dès leur définition.

Permet de définir des fonctions "privées" dans certaines structures, comme les modules.

Différences principales :

Hoisting: Les déclarations de fonctions sont "hoisted", tandis que les expressions de fonctions (du moins, les initialisations de variables) ne le sont pas.

Anonymat : Les expressions de fonction peuvent être anonymes, tandis que les déclarations de fonction ne le sont généralement pas.4

Tant la déclaration que l'expression de fonction ont leurs utilisations et avantages propres. La compréhension de ces deux concepts et de leurs différences est cruciale pour la maîtrise de la programmation JavaScript.

Portée (Scope) et Fermetures (Closures) en JavaScript

La compréhension de la portée et des fermetures est essentielle pour tout développeur JavaScript, car ce sont des concepts fondamentaux qui influencent le comportement du code.

1. Portée (Scope)

La portée d'une variable détermine où dans votre code vous pouvez accéder à cette variable. En JavaScript, il existe principalement deux types de portée : la portée de bloc et la portée de fonction.

Portée globale : Toute variable définie en dehors d'une fonction possède une portée globale. Elle est accessible de partout dans le code.

```javascript
let variableGlobale = "Je suis globale";
```

Portée de fonction : Les variables définies à l'intérieur d'une fonction ont une portée de fonction. Elles ne sont accessibles qu'à l'intérieur de cette fonction.

```javascript
function exemple() {
    let variableDeFonction = "Je suis locale à cette fonction";
}
```

Portée de bloc (ES6+) : Avec l'introduction de let et const en ES6, JavaScript a maintenant une portée de bloc. Cela signifie que si une variable est définie à l'intérieur d'un bloc (comme un if ou une boucle for), elle n'est accessible qu'à l'intérieur de ce bloc.

```javascript
if (true) {
    let variableDeBloc = "Je suis locale à ce bloc";
}
```

2. Fermetures (Closures)

Une fermeture est la combinaison d'une fonction et de l'environnement lexical dans lequel elle a été déclarée. Cela signifie qu'une fonction interne a accès aux variables de la fonction externe, même après que la fonction externe ait terminé son exécution.

Exemple :

```javascript
function fonctionExterne(x) {
    function fonctionInterne(y) {
        return x + y;
    }
    return fonctionInterne;
}

let nouvelAdditionneur = fonctionExterne(5);
console.log(nouvelAdditionneur(3));  // Affiche 8
```

Utilisations courantes des fermetures :

Créer des fonctions d'usine : Comme dans l'exemple précédent, où fonctionExterne crée et renvoie une nouvelle fonction basée sur l'argument x.

Encapsulation : Les fermetures peuvent être utilisées pour cacher des détails d'implémentation et exposer uniquement certaines parties d'un module ou d'une bibliothèque.

Callbacks et gestionnaires d'événements : Les fermetures sont souvent utilisées dans les gestionnaires d'événements ou les callbacks, où vous avez besoin d'accéder à certaines variables extérieures.

En résumé, la portée (ou scope) est un concept qui détermine où une variable peut être accédée dans votre code, tandis qu'une fermeture est une fonction qui a accès aux variables de l'environnement lexical dans lequel elle a été créée. Maîtriser ces deux concepts est crucial pour éviter les erreurs courantes et écrire du code JavaScript efficace et sécurisé.

Fonctions fléchées (Arrow functions) en JavaScript

Avec l'introduction d'ES6 (ou ECMAScript 2015), un nouveau type de fonction, appelé fonction fléchée, a été ajouté à JavaScript. Les fonctions fléchées offrent une syntaxe plus concise pour écrire des fonctions, et elles comportent quelques différences subtiles par rapport aux fonctions traditionnelles.

1. Syntaxe

La syntaxe des fonctions fléchées est plus légère, en particulier pour les fonctions qui ont un seul argument ou une seule instruction.

```javascript
// Fonction traditionnelle
const addition = function(a, b) {
    return a + b;
};

// Fonction fléchée
const additionFléchée = (a, b) => a + b;
```

Pour des fonctions avec un seul argument, vous pouvez même omettre les parenthèses :

```
const carré = x => x * x;
```

Si votre fonction fléchée nécessite plus d'une instruction, utilisez des accolades et le mot-clé return :

```
const additionDetail = (a, b) => {
    const somme = a + b;
    return somme;
};
```

2. Différences clés

this : L'une des différences les plus importantes et utiles entre les fonctions fléchées et les fonctions traditionnelles concerne le comportement de this. Dans une fonction fléchée, this est lexicalement ou statiquement lié. Cela signifie que this a la valeur de l'environnement englobant, et cette valeur ne change pas lorsque la fonction est invoquée. Dans une fonction traditionnelle, this est déterminé par la manière dont la fonction est appelée.

Ce comportement des fonctions fléchées est particulièrement utile pour les callbacks ou les gestionnaires d'événements.

```
function Timer() {
    this.seconds = 0;
    setInterval(() => {
        this.seconds++;
        console.log(this.seconds);
    }, 1000);
}

const timer = new Timer();  // Affiche 1, 2, 3,... chaque seconde
```

Dans l'exemple ci-dessus, l'utilisation d'une fonction fléchée pour le callback de setInterval permet à this de se référer correctement à l'instance de Timer.

Pas de arguments : Les fonctions fléchées n'ont pas leur propre objet arguments. Si vous accédez à la variable arguments dans une fonction fléchée, elle proviendra du scope englobant.

Pas de constructeur : Les fonctions fléchées ne peuvent pas être utilisées comme constructeurs avec le mot-clé new.

Pas de prototype : Les fonctions fléchées n'ont pas de propriété prototype, car elles ne peuvent pas être utilisées comme constructeurs.

3. Quand utiliser les fonctions fléchées ?

Pour des fonctions courtes ou des fonctions qui n'ont pas leur propre this, arguments, super ou new.target.

Dans les callbacks et les gestionnaires d'événements où vous voulez utiliser le this du contexte englobant.

Lorsque vous souhaitez une syntaxe plus concise et plus légère.

Cependant, pour des fonctions plus complexes, en particulier celles qui doivent agir comme des constructeurs ou des méthodes sur des objets, ou qui nécessitent un this dynamique, il est préférable de s'en tenir aux fonctions traditionnelles.

5. Objets en JavaScript

Les objets sont au cœur de JavaScript et sont utilisés pour modéliser et représenter des « choses » avec des propriétés (parfois appelées attributs) et des méthodes (fonctions associées à un objet).

1. Création d'Objets

Il y a plusieurs façons de créer des objets en JavaScript :

Littéral d'objet : C'est la façon la plus courante de créer un objet.

```javascript
const voiture = {
    marque: "Toyota",
    modèle: "Corolla",
    année: 2020,
    démarrer: function() {
        console.log("Vroom Vroom!");
    }
};
```

Constructeur Object :

```javascript
const voiture = new Object();
voiture.marque = "Toyota";
voiture.modèle = "Corolla";
voiture.année = 2020;
```

Constructeurs personnalisés : Vous pouvez également définir vos propres constructeurs pour créer des objets.

```javascript
function Voiture(marque, modèle, année) {
    this.marque = marque;
    this.modèle = modèle;
    this.année = année;
    this.démarrer = function() {
        console.log("Vroom Vroom!");
    };
}
```

2. Accès aux propriétés et méthodes

Vous pouvez accéder ou modifier les propriétés d'un objet en utilisant la notation pointée ou la notation entre crochets.

```javascript
console.log(voiture.marque);        // Toyota
console.log(voiture["modèle"]);     // Corolla

voiture.année = 2021;
```

3. Prototypes

Chaque objet en JavaScript a un prototype, qui est lui-même un objet. Les propriétés et méthodes définies sur le prototype d'un objet sont accessibles par tous les objets créés à partir de ce prototype.

```javascript
Voiture.prototype.couleur = "blanc";

const maNouvelleVoiture = new Voiture("Honda", "Civic", 2021);
console.log(maNouvelleVoiture.couleur);   // blanc
```

4. ES6 et au-delà : Classes

Avec ES6, JavaScript a introduit le mot-clé class qui offre une syntaxe plus propre et claire pour créer des objets et gérer l'héritage.

```javascript
class Voiture {
    constructor(marque, modèle, année) {
        this.marque = marque;
        this.modèle = modèle;
        this.année = année;
    }


    démarrer() {
        console.log("Vroom Vroom!");
    }
}

const maClasseVoiture = new Voiture("Mazda", "3", 2022);
```

5. Héritage

L'héritage permet à un objet d'hériter des propriétés et méthodes d'un autre objet. En JavaScript, cela se fait principalement par le biais des prototypes, mais avec l'introduction des classes, une nouvelle syntaxe a été introduite pour faciliter l'héritage.

```javascript
class VoitureÉlectrique extends Voiture {
    constructor(marque, modèle, année, autonomie) {
        super(marque, modèle, année);
        this.autonomie = autonomie;
    }


    recharger() {
        console.log("Recharge en cours...");
    }
}

const maTesla = new VoitureÉlectrique("Tesla", "Model S", 2022, "500 km");
```

En résumé, les objets sont essentiels pour structurer et organiser le code en JavaScript. Que vous utilisiez des littéraux d'objets, des constructeurs personnalisés ou des classes, il est crucial de comprendre comment créer, accéder et manipuler des objets pour être un développeur JavaScript efficace.

Notion d'objet en JavaScript

L'une des principales forces de JavaScript, en tant que langage de programmation orienté objet, est sa capacité à travailler avec des objets. Ces objets peuvent être vus comme des collections de clés associées à des valeurs, qui peuvent être des nombres, des chaînes de caractères, des fonctions, des tableaux ou même d'autres objets.

1. Qu'est-ce qu'un objet ?

Dans le monde réel, pensez à un objet comme une chose qui possède des caractéristiques et des comportements distincts. Par exemple, une voiture est un objet. Elle a des caractéristiques (marque, couleur, année de fabrication...) et des comportements (démarrer, s'arrêter, klaxonner...).

En JavaScript, un objet est similaire : il a des propriétés (qui décrivent l'objet) et des méthodes (qui déterminent ce qu'il peut faire).

2. Comment créer un objet ?

Littéral d'objet : La manière la plus simple et la plus courante de créer un objet en JavaScript.

```javascript
const chien = {
    nom: "Rex",
    race: "Labrador",
    aboyer: function() {
        console.log("Woof!");
    }
};
```

3. Propriétés vs Méthodes

Dans l'exemple précédent, nom et race sont des propriétés de l'objet chien, tandis qu'aboyer est une méthode.

Une propriété est une variable qui est attachée à l'objet.

Une méthode est une fonction qui est attachée à l'objet.

4. Accéder aux propriétés et méthodes

Pour accéder à une propriété ou à une méthode d'un objet, vous utilisez le nom de l'objet, suivi d'un point, suivi du nom de la propriété ou de la méthode.

```
console.log(chien.nom);     // Affiche "Rex"
chien.aboyer();             // Affiche "Woof!"
```

5. Avantages des objets

Encapsulation : Les objets permettent de regrouper des données et des fonctions liées de manière logique, ce qui rend le code plus organisé et plus facile à lire.

Réutilisabilité : Une fois qu'un objet est défini, il peut être réutilisé plusieurs fois sans avoir à redéfinir ses propriétés ou méthodes.

Extensibilité : Les objets peuvent être étendus pour ajouter de nouvelles propriétés ou méthodes, ou pour en modifier des existantes.

6. Objets natifs de JavaScript

JavaScript fournit un ensemble d'objets natifs qui sont disponibles pour vous aider à réaliser des tâches courantes. Par exemple, l'objet Date pour travailler avec les dates et l'heure, l'objet Array pour travailler avec les listes, et l'objet Math pour les opérations mathématiques.

Comprendre les objets est fondamental en JavaScript, car presque tout en JavaScript est soit un objet, soit peut-être traité comme un objet. Cela donne une énorme flexibilité au langage, mais cela signifie aussi que comprendre les objets est crucial pour écrire du code JavaScript efficace et efficace.

Prototypes en JavaScript

En JavaScript, chaque objet a une propriété spéciale appelée prototype. Le prototype est également un objet. Toutes les propriétés et méthodes du prototype sont accessibles par l'objet qui le référence. Cette caractéristique est au cœur du mécanisme d'héritage en JavaScript.

1. Qu'est-ce que le prototype ?

Le prototype est un mécanisme par lequel un objet en JavaScript hérite des propriétés et des méthodes d'un autre objet. Cela signifie que chaque objet créé en JavaScript a un prototype associé à partir duquel il hérite des propriétés et des méthodes.

2. Héritage basé sur le prototype

Contrairement à de nombreux langages orientés objet qui utilisent des classes pour définir des objets et leur héritage, JavaScript utilise le prototype pour réaliser la même chose. Chaque fois que vous créez un nouvel objet, cet objet a accès aux propriétés et méthodes de son prototype.

3. Comment fonctionne le prototype ?

Lorsque vous essayez d'accéder à une propriété ou une méthode d'un objet, JavaScript cherche d'abord cette propriété ou méthode sur l'objet lui-même. Si elle ne le trouve pas, elle cherche sur le prototype de l'objet, puis sur le prototype du prototype, et ainsi de suite, jusqu'à remonter à l'objet Object, qui est le prototype final pour tous les objets. Si la propriété ou la méthode n'est trouvée sur aucun de ces prototypes, JavaScript renvoie undefined.

4. Modification du prototype

Il est possible d'ajouter de nouvelles propriétés ou méthodes à un prototype existant. Par exemple, si vous souhaitez ajouter une méthode à tous les tableaux de JavaScript, vous pouvez le faire en modifiant le prototype de Array.

```javascript
Array.prototype.saluer = function() {
    console.log("Hello from the Array prototype!");
};

const monTableau = [];
monTableau.saluer(); // Affiche "Hello from the Array prototype!"
```

5. Prototype chain

Comme mentionné précédemment, chaque objet a un prototype, et ce prototype a lui-même un autre prototype, créant ainsi une chaîne de prototypes. Cette chaîne se termine lorsque le prototype atteint l'objet Object.

6. Le danger de la modification du prototype

Bien que la modification du prototype (parfois appelée "monkey patching") puisse être tentante car elle permet d'ajouter des fonctionnalités à des objets existants, elle est généralement déconseillée car elle peut causer des effets secondaires inattendus, en particulier lorsque le code est utilisé en combinaison avec d'autres bibliothèques ou scripts.

En résumé, le prototype est un aspect fondamental de JavaScript. Il sous-tend le mécanisme d'héritage du langage, permettant à un objet d'hériter des propriétés et méthodes d'un autre. Bien que puissant, il est essentiel de comprendre comment il fonctionne pour éviter des erreurs courantes et écrire un code JavaScript propre et efficace.

ES6 Classes en JavaScript

Avec l'introduction d'ECMAScript 6 (également connu sous le nom d'ES6 et ES2015), JavaScript a reçu une nouvelle syntaxe pour créer des objets et gérer l'héritage : les classes. Bien qu'en interne, les classes JavaScript soient toujours basées sur le système de prototypage, cette syntaxe offre une manière plus propre et plus familière de définir des objets et des hiérarchies d'objets, en particulier pour ceux qui viennent d'autres langages de programmation orientés objet.

1. Déclaration de classe

Une classe est définie en utilisant le mot-clé class suivi du nom de la classe.

```javascript
class Personne {
    constructor(nom, age) {
        this.nom = nom;
        this.age = age;
    }

    saluer() {
        console.log(`Bonjour, je m'appelle ${this.nom} et j'ai ${this.age} ans.`)
    }
}
```

2. Constructeur

La méthode constructor est une méthode spéciale qui est appelée lorsque vous créez un nouvel objet à partir d'une classe. C'est l'endroit idéal pour initialiser les propriétés de l'objet.

3. Créer un objet à partir d'une classe

Pour créer un nouvel objet à partir d'une classe, utilisez le mot-clé new.

```javascript
const jean = new Personne('Jean', 30);
jean.saluer();   // Affiche "Bonjour, je m'appelle Jean et j'ai 30 ans."
```

4. Héritage avec extends

L'héritage est le mécanisme par lequel une classe peut hériter des propriétés et des méthodes d'une autre classe. En JavaScript ES6, cela est réalisé en utilisant le mot-clé extends.

```js
class Etudiant extends Personne {
    constructor(nom, age, matricule) {
        super(nom, age);   // Appelle le constructeur de la classe parente
        this.matricule = matricule;
    }

    etudier() {
        console.log(`${this.nom} étudie.`);
    }
}

const alice = new Etudiant('Alice', 20, '12345');
alice.saluer();     // Affiche "Bonjour, je m'appelle Alice et j'ai 20 ans."
alice.etudier();    // Affiche "Alice étudie."
```

5. Méthodes statiques avec static

Les méthodes statiques sont attachées à la classe elle-même et non à une instance de la classe. Elles sont définies en utilisant le mot-clé static.

```js
class Util {
    static pi() {
        return 3.141592653589793;
    }
}

console.log(Util.pi());   // Affiche 3.141592653589793
```

6. Propriétés de classe avec static (ESNext)

Il est aussi possible de définir des propriétés statiques directement sur la classe. Cette fonctionnalité, introduite dans les versions ultérieures d'ES6, peut nécessiter un transpileur comme Babel pour être utilisée dans tous les environnements.

```js
class Config {
    static defaultLanguage = 'fr';
}

console.log(Config.defaultLanguage);   // Affiche 'fr'
```

Les classes ES6 offrent une syntaxe plus claire et plus concise pour définir et hériter des objets en JavaScript. Bien qu'ils ne remplacent pas le mécanisme de prototypage sous-jacent de JavaScript, ils fournissent une interface plus structurée pour la création d'objets, rendant le code plus lisible et plus accessible, en particulier pour les développeurs provenant d'autres langages OOP.

Tableaux et méthodes associées en JavaScript

Un tableau (ou array) est une structure de données qui permet de stocker une liste ordonnée d'éléments. Ces éléments peuvent être de n'importe quel type : nombres, chaînes de caractères, objets, autres tableaux, etc. JavaScript offre une riche collection de méthodes associées aux tableaux pour faciliter leur manipulation.

1. Création d'un tableau

Il existe plusieurs façons de créer un tableau en JavaScript :

```js
let fruits = ['pomme', 'banane', 'cerise'];
let nombres = new Array(1, 2, 3, 4, 5);
```

2. Accéder aux éléments d'un tableau

Les éléments d'un tableau sont accessibles par leur indice :

```js
console.log(fruits[0]);   // Affiche 'pomme'
```

3. Méthodes associées aux tableaux

a. .push() & .pop()

.push(): Ajoute un ou plusieurs éléments à la fin d'un tableau et renvoie la nouvelle longueur du tableau.

.pop(): Supprime le dernier élément d'un tableau et le renvoie.

b. .shift() & .unshift()

.shift(): Supprime le premier élément d'un tableau et le renvoie.

.unshift(): Ajoute un ou plusieurs éléments au début d'un tableau et renvoie la nouvelle longueur.

c. .splice()

Modifie le contenu d'un tableau en supprimant, remplaçant ou ajoutant des éléments.

```
let légumes = ['chou', 'navet', 'radis'];
légumes.splice(1, 1, 'carotte');  // Remplace 'navet' par 'carotte'
```

d. .slice()

Renvoie une copie superficielle d'une portion de tableau.

```
let animaux = ['antilope', 'belette', 'chameau'];
let certainsAnimaux = animaux.slice(1, 3);  // ['belette', 'chameau']
```

e. .concat()

Combine deux tableaux ou plus en un seul tableau.

```
let alpha = ['a', 'b', 'c'];
let num = [1, 2, 3];
let alphaNum = alpha.concat(num);  // ['a', 'b', 'c', 1, 2, 3]
```

f. .forEach()

Exécute une fonction donnée sur chaque élément du tableau.

```
fruits.forEach(function(item, index, array) {
    console.log(item, index);
});
```

g. .map(), .filter(), .reduce(), .find(), & .some()

Ces méthodes sont utilisées pour la transformation, la filtration, l'agrégation et la recherche dans un tableau.

h. .sort() & .reverse()

.sort(): Trie les éléments d'un tableau in-place et le renvoie.

.reverse(): Inverse les éléments d'un tableau in-place.

i. .join()

Rassemble tous les éléments d'un tableau en une seule chaîne de caractères.

```javascript
let elements = ['Feu', 'Air', 'Eau'];
console.log(elements.join(' - '));  // 'Feu - Air - Eau'
```

Les tableaux sont essentiels dans la programmation JavaScript, et les méthodes associées fournissent une panoplie d'outils pour manipuler ces structures de données. Une maîtrise de ces méthodes permet d'écrire un code plus propre, efficace et concis.

Manipulation de tableaux en JavaScript

Les tableaux, ou "arrays" en anglais, sont parmi les structures de données les plus courantes en JavaScript. Ils stockent des listes ordonnées d'éléments, que ce soit des nombres, des chaînes de caractères, des objets ou d'autres tableaux. La manipulation efficace de ces tableaux est cruciale pour tout développeur JavaScript.

1. Ajout d'éléments

a. À la fin d'un tableau :

```javascript
let fruits = ['pomme', 'banane'];
fruits.push('orange');  // ['pomme', 'banane', 'orange']
```

b. Au début d'un tableau :

```javascript
fruits.unshift('fraise');  // ['fraise', 'pomme', 'banane', 'orange']
```

2. Suppression d'éléments

a. De la fin d'un tableau :

```javascript
fruits.pop();   // Supprime 'orange', fruits devient ['fraise', 'pomme',
```

b. Du début d'un tableau :

```javascript
fruits.shift();   // Supprime 'fraise', fruits devient ['pomme', 'banane']
```

3. Trouver l'indice d'un élément

```javascript
let index = fruits.indexOf('banane');   // index vaut 1
```

4. Supprimer ou remplacer des éléments à partir d'un indice

```javascript
fruits.splice(1, 1, 'kiwi');   // Remplace 'banane' par 'kiwi'
```

5. Copier ou extraire une partie d'un tableau

```javascript
let someFruits = fruits.slice(0, 2);   // ['pomme', 'kiwi']
```

6. Parcourir un tableau

```javascript
fruits.forEach(function(fruit, index) {
    console.log(index + ': ' + fruit);
});
```

7. Transformer un tableau

a. Convertir chaque élément en une nouvelle forme :

```javascript
let upperFruits = fruits.map(function(fruit) {
    return fruit.toUpperCase();
});
```

b. Filtrer selon une condition :

```javascript
let shortFruits = fruits.filter(fruit => fruit.length < 5);
```

c. Réduire le tableau à une valeur unique :

```javascript
let totalLength = fruits.reduce((sum, fruit) => sum + fruit.length, 0);
```

8. Vérifier la présence d'éléments

```javascript
let hasApple = fruits.some(fruit => fruit === 'pomme');
let allLong = fruits.every(fruit => fruit.length > 5);
```

9. Trier et inverser

```javascript
fruits.sort();        // Trie alphabétiquement
fruits.reverse();     // Inverse l'ordre des éléments
```

10. Convertir un tableau en chaîne et vice-versa

```javascript
let fruitString = fruits.join(', ');      // "pomme, kiwi"
let fruitArray = fruitString.split(', '); // ["pomme", "kiwi"]
```

La maîtrise des méthodes de manipulation de tableaux est essentielle pour le traitement efficace des données en JavaScript. Grâce à elles, le développeur peut aisément ajouter, supprimer, rechercher, trier ou transformer les données contenues dans un tableau.

Méthodes courantes pour les tableaux en JavaScript

1. push

Ajoute un ou plusieurs éléments à la fin d'un tableau.

```javascript
let fruits = ['pomme', 'banane'];
fruits.push('cerise');
// fruits: ['pomme', 'banane', 'cerise']
```

2. pop

Supprime le dernier élément d'un tableau.

```javascript
fruits.pop();
// fruits: ['pomme', 'banane']
```

3. slice

Renvoie une copie superficielle d'une portion de tableau.

```javascript
let someFruits = fruits.slice(0, 1);
// someFruits: ['pomme']
```

4. map

Crée un nouveau tableau avec les résultats d'une fonction appelée sur chaque élément du tableau.

```javascript
let upperFruits = fruits.map(fruit => fruit.toUpperCase());
// upperFruits: ['POMME', 'BANANE']
```

5. filter

Crée un nouveau tableau avec tous les éléments qui passent un test.

```javascript
let longFruits = fruits.filter(fruit => fruit.length > 5);
// longFruits: ['banane']
```

6. reduce

Applique une fonction contre un accumulateur et chaque élément du tableau pour le réduire à une seule valeur.

```javascript
let totalLength = fruits.reduce((sum, fruit) => sum + fruit.length, 0);
// totalLength: 11
```

Chacune de ces méthodes a sa propre utilité. Ensemble, elles offrent une suite d'outils puissants pour manipuler et interagir avec des tableaux en JavaScript.

D'autres concepts avancés sur les tableaux en JavaScript

1. Splice

Modifie un tableau en ajoutant/supprimant des éléments.

```javascript
let nums = [1, 2, 3, 4];
nums.splice(1, 2, 8, 9);
// nums: [1, 8, 9, 4]
```

2. Find & FindIndex

Renvoie le premier élément qui passe un test (ou son indice).

```javascript
let firstEven = nums.find(n => n % 2 === 0);
// firstEven: 8
```

3. Some & Every

Évaluent si certains ou tous les éléments passent un test.

```
let someEven = nums.some(n => n % 2 === 0);
// someEven: true
```

4. forEach

Exécute une fonction pour chaque élément.

```
nums.forEach((num, index) => console.log(num, index));
// Output: 1 0, 8 1, 9 2, 4 3
```

5. Sort

Trie les éléments selon une condition.

```
let sortedNums = nums.sort((a, b) => a - b);
// sortedNums: [1, 4, 8, 9]
```

6. Concat

Combine deux tableaux ou plus.

```
let newNums = nums.concat([5, 6, 7]);
// newNums: [1, 4, 8, 9, 5, 6, 7]
```

7. Spread Operator

Utilisez ... pour copier ou combiner des tableaux.

```
let copiedNums = [...nums];
// copiedNums: [1, 4, 8, 9]
```

8. Destructuring

Extrait des données de tableaux.

```
let [firstNum, , thirdNum] = nums;
// firstNum: 1, thirdNum: 8
```

9. Flat & FlatMap

Aplatit des tableaux imbriqués.

```javascript
let nested = [1, [2, [3, [4]]]];
let flat = nested.flat(2);
// flat: [1, 2, 3, [4]]
```

10. Includes

Vérifie si un élément est dans le tableau.

```javascript
let hasEight = nums.includes(8);
// hasEight: true
```

Ces concepts avancés vous permettent de manipuler les tableaux de manière plus sophistiquée et efficace. Ils sont particulièrement utiles pour le traitement des données et les opérations algorithmiques.

Asynchronicité en JavaScript : Callbacks, Promesses, Async/Await

Le traitement asynchrone est un aspect fondamental de la programmation moderne en JavaScript. Il permet d'exécuter des opérations non bloquantes comme les requêtes réseau, la lecture de fichiers et les temporisations. Voici quelques concepts clés:

1. Callbacks

Un callback est une fonction passée en argument à une autre fonction. Elle sera exécutée après que certaines conditions ou certains événements se produisent.

```javascript
// Exemple de callback avec setTimeout
setTimeout(() => {
  console.log("Callback exécuté après 2 secondes");
}, 2000);
```

2. Promesses

Les Promesses offrent une manière plus propre de gérer l'asynchronicité. Une Promesse est un objet qui représente une valeur qui peut être disponible maintenant, dans le futur, ou jamais.

```javascript
// Création d'une Promesse
const myPromise = new Promise((resolve, reject) => {
  setTimeout(() => {
    resolve("Données reçues");
  }, 2000);
});

// Utilisation de la Promesse
myPromise.then(data => {
  console.log(data);
}).catch(error => {
  console.log(error);
});
```

3. Async/Await

Async/Await est une manière encore plus simple de travailler avec l'asynchronicité. Il vous permet d'écrire du code asynchrone comme si c'était du code synchrone.

```javascript
// Définition d'une fonction asynchrone
async function fetchData() {
  try {
    const response = await fetch("https://api.example.com/data");
    const data = await response.json();
    console.log(data);
  } catch (error) {
    console.log("Erreur:", error);
  }
}

// Appel de la fonction asynchrone
fetchData();
```

Comparaison :

Callbacks : Simple à comprendre mais peut entraîner ce qu'on appelle "Callback Hell" si trop imbriqué.

Promesses : Offre un meilleur contrôle sur les opérations asynchrones mais nécessite une compréhension des méthodes .then() et .catch().

Async/Await: Le plus propre et le plus moderne, mais doit être utilisé avec prudence pour éviter de bloquer le fil d'exécution.

Chaque méthode a ses avantages et inconvénients, mais toutes visent à vous aider à gérer l'asynchronicité dans vos applications JavaScript.

Gestion des erreurs et exceptions en JavaScript

La gestion des erreurs est cruciale pour assurer la robustesse et la fiabilité de votre application. JavaScript offre plusieurs mécanismes pour détecter, signaler et gérer les erreurs.

1. Try/Catch/Finally

La structure try/catch/finally est la base de la gestion des erreurs en JavaScript.

```javascript
try {
  // Code potentiellement à risque d'erreur
  let value = aVariableThatDoesNotExist;   // ReferenceError
} catch (error) {
  // Code à exécuter en cas d'erreur
  console.error("Une erreur est survenue:", error.message);
} finally {
  // Code à exécuter après le try/catch, qu'il y ait eu une erreur ou non
  console.log("Fin de la vérification d'erreur");
}
```

2. Throw

throw vous permet de déclencher une exception personnalisée.

```javascript
function checkAge(age) {
  if (age < 0) {
    throw new Error("L'âge ne peut pas être négatif");
  }
  return age;
}
```

3. Personnalisation des exceptions

Vous pouvez étendre la classe d'erreur intégrée pour créer des types d'erreurs personnalisées.

```javascript
class ValidationError extends Error {
  constructor(message) {
    super(message);
    this.name = "ValidationError";
  }
}
```

4. Gestion des erreurs asynchrones

Lors de la gestion de code asynchrone (comme les Promesses et Async/Await), les erreurs doivent être manipulées différemment.

Promesses : Utilisez .catch() pour gérer les erreurs.

```javascript
fetch("https://api.example.com/data")
  .then(response => response.json())
  .catch(error => console.error("Erreur de récupération:", error));
```

Async/Await: Utilisez try/catch comme avec du code synchrone.

```js
async function fetchData() {
  try {
    const response = await fetch("https://api.example.com/data");
    const data = await response.json();
  } catch (error) {
    console.error("Erreur:", error);
  }
}
```

Conseils :

Ne surchargez pas votre code avec une gestion des erreurs excessive. Identifiez les points critiques où les erreurs sont susceptibles de se produire.

Utilisez des messages d'erreur clairs et descriptifs pour faciliter le débogage.

Considérez la possibilité de signaler des erreurs non critiques plutôt que de les arrêter, afin de ne pas interrompre l'expérience de l'utilisateur.

Testez régulièrement vos gestionnaires d'erreurs pour vous assurer qu'ils fonctionnent comme prévu.

La gestion proactive des erreurs et exceptions peut grandement améliorer la résilience et l'expérience utilisateur de votre application.

La notion de "this" en JavaScript

La compréhension de la manière dont le mot-clé this fonctionne en JavaScript est essentielle, mais elle peut aussi être source de confusion pour de nombreux développeurs, en particulier ceux qui proviennent d'autres langages de programmation. Voici un aperçu de son comportement dans différents contextes :

1. **Contexte Global**

Dans le contexte global (en dehors de toute fonction), this fait référence à l'objet global. Dans un navigateur, il s'agit généralement de l'objet window.

```js
console.log(this === window);   // true
```

2. À l'intérieur d'une fonction

Dans une fonction, le comportement de this dépend de la manière dont la fonction est appelée.

Fonction normale :

```js
function demoFunction() {
  console.log(this);
}

demoFunction();   // Affiche l'objet global (window dans un navigateur)
```

En tant que méthode d'un objet :

```js
const demoObject = {
  prop: "Hello",
  func: function() {
    console.log(this.prop);
  }
};

demoObject.func();   // Affiche "Hello"
```

3. À l'intérieur des constructeurs

Lorsque vous utilisez une fonction comme constructeur (avec le mot-clé new), this se réfère au nouvel objet créé.

```js
function DemoConstructor(name) {
  this.name = name;
}

const instance = new DemoConstructor("Alice");
console.log(instance.name);   // Affiche "Alice"
```

4. À l'intérieur d'une méthode ES6 ou d'une fonction fléchée

Les fonctions fléchées n'ont pas leur propre this. Elles héritent du this de leur portée englobante.

```javascript
const arrowObject = {
  prop: "Hello",
  func: function() {
    const arrowFunc = () => {
      console.log(this.prop);
    };
    arrowFunc();
  }
};

arrowObject.func();   // Affiche "Hello"
```

5. Lorsque vous utilisez call, apply, ou bind

Ces méthodes permettent d'explicitement définir la valeur de this pour n'importe quelle fonction.

```javascript
function showProp(prop) {
  console.log(this[prop]);
}

const obj = { name: "Alice", age: 25 };

showProp.call(obj, "name");   // Affiche "Alice"
```

Points clés :

this est déterminé par la manière dont une fonction est appelée, pas par la manière dont elle est définie.

Le comportement de this peut varier considérablement en fonction du contexte.

Les fonctions fléchées sont un excellent moyen d'éviter la confusion liée à this en héritant simplement du this de leur portée englobante.

La maîtrise de this en JavaScript est essentielle pour comprendre et écrire efficacement des scripts, surtout si vous travaillez avec des objets et des constructeurs.

Introduction au DOM (Document Object Model)

Le DOM, ou Document Object Model, est un concept fondamental pour quiconque souhaite travailler avec des documents web en utilisant JavaScript. Il s'agit d'une représentation structurée d'un document web, permettant aux développeurs de manipuler, d'interagir avec, et de modifier le contenu, la structure et le style d'une page web.

Qu'est-ce que le DOM ?

À la base, un document web est écrit en HTML. Le navigateur lit ce document HTML et le transforme en une représentation structurée : le DOM. Cette représentation est essentiellement une arborescence d'objets, où chaque objet représente une partie du document : un élément, un attribut, un texte, etc.

Pourquoi le DOM est-il important ?

Le DOM sert d'interface entre le contenu de votre page web et le code JavaScript que vous écrivez. Plutôt que de modifier directement le code HTML, vous interagissez avec le DOM à travers JavaScript. Cela signifie que vous pouvez dynamiquement changer le contenu, la structure et le style d'une page sans avoir à recharger la page entière.

Comment fonctionne le DOM ?

1. Structure hiérarchique : Le DOM est structuré comme une arborescence, avec un objet racine à la base (souvent l'objet

`document`) et une hiérarchie d'éléments enfants en dessous. Chaque élément peut avoir ses propres enfants, créant ainsi une structure de branches.

2. Interactivité : Grâce aux méthodes et propriétés fournies par le DOM, vous pouvez sélectionner des éléments, les modifier, leur ajouter ou retirer des attributs, créer de nouveaux éléments et même écouter et réagir aux événements (comme les clics de souris ou les frappes au clavier).

3. Indépendance du langage : Bien que le DOM soit le plus souvent associé à JavaScript, il est important de noter que le DOM est indépendant du langage. C'est une norme développée par le W3C, et il existe des versions du DOM pour d'autres langages. Cependant, dans le contexte des navigateurs web, JavaScript est le langage le plus couramment utilisé pour interagir avec le DOM.

En conclusion, le DOM est l'élément central de la programmation web front-end. C'est par le DOM que vous rendrez vos sites web vivants, interactifs et dynamiques. Une compréhension solide de son fonctionnement et de son interaction avec JavaScript est cruciale pour tout développeur web.

DOM (Document Object Model)

1. Sélection d'éléments

Avant de manipuler des éléments sur une page, vous devez d'abord les sélectionner.

Par ID :

```javascript
const elementById = document.getElementById("myId");
```

Par classe :

```js
const elementsByClassName = document.getElementsByClassName("myClass");
```

Par nom de balise :

```js
const elementsByTagName = document.getElementsByTagName("p");
```

Par sélecteur CSS :

```js
const singleElement = document.querySelector(".myClass");
const allElements = document.querySelectorAll(".myClass");
```

2. Manipulation des éléments

Une fois que vous avez sélectionné un élément, vous pouvez le modifier.

Changement de contenu :

```js
elementById.textContent = "Nouveau contenu";
elementById.innerHTML = "<span>Nouveau contenu</span>";
```

Manipulation des attributs :

```js
elementById.setAttribute("href", "https://example.com");
const attributeValue = elementById.getAttribute("href");
```

Ajout/suppression de classes :

```js
elementById.classList.add("newClass");
elementById.classList.remove("oldClass");
```

3. Création, insertion et suppression d'éléments

Création d'un élément :

```js
const newElement = document.createElement("div");
newElement.textContent = "Je suis un nouvel élément";
```

Insertion :

```js
const parentElement = document.getElementById("parent");
parentElement.appendChild(newElement);
```

Suppression :

```
const elementToRemove = document.getElementById("removeMe");
elementToRemove.parentNode.removeChild(elementToRemove);
```

4. Gestion des événements

Le DOM offre la possibilité de réagir aux événements, comme les clics de souris ou les frappes au clavier.

```
elementById.addEventListener("click", function(event) {
  alert("Élément cliqué !");
});
```

Résumé :

Le DOM est un outil puissant qui permet aux développeurs de rendre leurs sites web interactifs et dynamiques. Grâce à JavaScript et au DOM, vous pouvez créer des pages web qui répondent aux actions de l'utilisateur, modifient le contenu en temps réel, et bien plus encore. Une compréhension solide du DOM est essentielle pour tout développeur web aspirant à maîtriser JavaScript et la programmation front-end.

Gestion des événements dans le DOM

Les événements sont des actions ou des occurrences, comme des clics, des mouvements de la souris ou des frappes au clavier, qui peuvent être détectées et gérées à l'aide de JavaScript. La gestion des événements est un élément essentiel de la programmation interactive sur le web. Elle permet aux développeurs de définir des comportements qui seront déclenchés en réponse à certaines actions effectuées par l'utilisateur ou à d'autres types d'événements.

1. Ajout d'un gestionnaire d'événements

La méthode la plus courante pour ajouter un gestionnaire d'événements est addEventListener.

```javascript
const btn = document.querySelector("button");

btn.addEventListener("click", function() {
  alert("Bouton cliqué !");
});
```

Dans cet exemple, un gestionnaire d'événements est ajouté au bouton pour détecter les clics. Lorsque le bouton est cliqué, une alerte s'affiche.

2. L'objet event

Lorsqu'un gestionnaire d'événements est déclenché, il reçoit un **argument** : un objet event qui contient des informations sur l'événement.

```javascript
btn.addEventListener("click", function(event) {
  console.log("Clic détecté sur", event.target);
});
```

event.target est une référence à l'élément sur lequel l'événement a été déclenché.

3. Suppression d'un gestionnaire d'événements

Vous pouvez également supprimer un gestionnaire d'événements en utilisant removeEventListener.

```javascript
function handleClick() {
  alert("Bouton cliqué !");
}

btn.addEventListener("click", handleClick);
btn.removeEventListener("click", handleClick);
```

4. Événements courants

Click : Déclenché lorsqu'un élément est cliqué.

Mousemove : Déclenché lorsque la souris est déplacée sur un élément.

keydown, keyup: Déclenchés lorsqu'une touche est enfoncée ou relâchée.

submit: Déclenché lorsqu'un formulaire est soumis.

focus, blur: Déclenchés lorsqu'un élément reçoit ou perd le focus.

Et bien d'autres.

5. Propagation des événements

Les événements dans le DOM se propagent en deux phases : la phase de capture et la phase de bouillonnement. Par défaut, les gestionnaires d'événements sont exécutés pendant la phase de bouillonnement, mais vous pouvez également définir des gestionnaires pour la phase de capture.

```javascript
btn.addEventListener("click", function() {
  console.log("Gestionnaire de bouillonnement");
}, false);

btn.addEventListener("click", function() {
  console.log("Gestionnaire de capture");
}, true);
```

6. Prévention du comportement par défaut

Pour certains événements, le navigateur a un comportement par défaut. Par exemple, lorsque vous cliquez sur un lien, le navigateur essaie de naviguer vers celui-ci. Vous pouvez empêcher ce comportement par défaut avec event.preventDefault().

```javascript
document.querySelector("a").addEventListener("click", function(event) {
  event.preventDefault();
  console.log("Navigation annulée !");
});
```

La gestion des événements est un élément clé pour créer des pages web interactives. Elle vous permet de définir des réponses spécifiques à des actions ou des occurrences, rendant votre site ou votre application web plus dynamique et réactif aux actions de l'utilisateur.

Introduction à Node.js

Node.js est une plateforme de développement côté serveur basée sur le moteur JavaScript V8 de Google Chrome. Conçu initialement par Ryan Dahl en 2009, il a depuis été adopté par de nombreuses entreprises et est aujourd'hui l'une des technologies de développement back-end les plus populaires.

1. Qu'est-ce que Node.js ?

Node.js n'est pas un framework, ni même vraiment un "serveur", comme on pourrait l'entendre avec Apache ou Nginx. C'est un environnement d'exécution pour JavaScript. Historiquement, JavaScript s'exécutait principalement dans le navigateur, mais avec Node.js, vous pouvez exécuter JavaScript côté serveur.

2. Caractéristiques

- **Asynchrone et non bloquant** : La plupart des opérations dans Node.js (comme les opérations de lecture/écriture sur le réseau ou le système de fichiers) sont effectuées de manière asynchrone, ce qui permet une haute performance et une grande concurrence.

- **Géré par npm** : Node Package Manager (npm) est un puissant écosystème de bibliothèques open source, ce qui facilite grandement le développement.

- **Mono-thread** : Bien que JavaScript soit mono-thread, grâce à son architecture non bloquante, Node.js peut gérer de nombreuses connexions simultanément.

- **Universel** : Le même langage, JavaScript, peut être utilisé à la fois pour le développement côté client et côté serveur.

3. Pourquoi utiliser Node.js?

- **Performance** : La capacité non bloquante de Node.js lui permet de traiter un grand nombre de requêtes simultanément, rendant l'application rapide et réactive.

- **Écosystème riche** : Grâce à npm, des milliers de bibliothèques et d'outils sont à la disposition des développeurs pour accélérer le processus de développement.

- **Développement universel** : Les entreprises peuvent utiliser le même ensemble de développeurs pour travailler sur le frontend et le backend, réduisant ainsi les coûts et la complexité.

- **Adoption par l'industrie** : De grandes entreprises comme Netflix, LinkedIn, et PayPal utilisent Node.js pour certains de leurs services les plus cruciaux.

4. Cas d'utilisation

- **Applications en temps réel** : jeux, tchats, événements en direct.
- **API RESTful** : Grâce à sa vitesse et à sa capacité à gérer de nombreuses connexions, Node.js est idéal pour construire des API RESTful.
- **Outils de développement** : Beaucoup d'outils, comme Babel, Webpack ou Gulp, sont construits sur Node.js.
- **Streaming** : Avec ses capacités de traitement de flux, Node.js est adapté pour des applications de streaming vidéo et audio.

5. Conclusion

Node.js a révolutionné la façon dont les développeurs perçoivent JavaScript. Ce qui était autrefois une simple langue pour animer les éléments du navigateur est maintenant une puissante plateforme pour construire des applications web rapides, évolutives et en temps réel. Si vous envisagez de développer une application nécessitant une grande concurrence ou si vous voulez simplement utiliser le même langage côté client et serveur, Node.js mérite sérieusement d'être considéré.

Il est à noter que Node.js, comme toute technologie, n'est pas une solution miracle adaptée à tous les besoins. Il convient de bien évaluer les besoins du projet avant de choisir la technologie appropriée.

Gestion des packages avec npm

npm, qui signifie "Node Package Manager", est un système de gestion de packages pour JavaScript, devenu le plus grand registre de bibliothèques open source au monde. Si vous travaillez avec Node.js, vous allez sans aucun doute utiliser npm pour gérer les dépendances de votre projet.

1. Qu'est-ce qu'un package ?

Un package est un module ou une bibliothèque que vous pouvez inclure dans votre projet. Par exemple, si vous avez besoin d'une bibliothèque pour gérer les dates et heures comme moment.js, vous pouvez l'ajouter à votre projet via npm.

2. Initialiser un nouveau projet

Avant d'ajouter des packages, vous devez initialiser un nouveau projet. En se rendant dans le répertoire de votre projet et en exécutant :

```
npm init
```

Cette commande vous guidera à travers la création d'un fichier package.json, qui répertorie toutes les dépendances et autres configurations de votre projet.

3. Installation des packages

Installer un package :

```
npm install [nom-du-package]
```

Cela installera la dernière version du package et l'ajoutera dans le répertoire node_modules.

Installer un package comme dépendance de développement :

Ces dépendances ne sont utilisées que pendant le développement et ne sont pas nécessaires en production.

```
npm install [nom-du-package] --save-dev
```

Installer un package spécifique :

```
npm install [nom-du-package]@[version]
```

Installer des packages globalement :

Certains packages sont conçus pour être utilisés globalement (comme des outils en ligne de commande).

```
npm install -g [nom-du-package]
```

4. Le fichier package.json

Le fichier package.json est le cœur de tout projet npm. Il contient :

metadata : Comme le nom, la version, et la description du projet.

list of dependencies : Les bibliothèques dont votre projet a besoin pour fonctionner.

scripts : Des raccourcis pour des commandes communes, comme démarrer votre application ou exécuter des tests.

5. Mise à jour des packages

Pour mettre à jour les packages de votre projet, vous pouvez utiliser :

```
npm update
```

6. Désinstaller des packages

Si vous n'avez plus besoin d'un package, vous pouvez le désinstaller avec :

```
npm uninstall [nom-du-package]
```

7. npm scripts

Dans le package.json, vous pouvez définir des scripts, qui sont de petites commandes que vous pouvez exécuter avec npm run. Par exemple, pour automatiser des tâches comme le build ou le test de votre application.

8. Conclusion

npm est un outil essentiel pour tout développeur JavaScript moderne, que vous travailliez côté serveur avec Node.js ou côté client. Il facilite la gestion des dépendances, garantissant que tous les développeurs d'un projet utilisent les mêmes versions de bibliothèques, et offre une vaste bibliothèque d'outils et de frameworks pour accélérer le développement.

L'utilisation efficace de npm nécessite une compréhension de ses nombreuses commandes et options, mais même une connaissance de base peut grandement améliorer votre workflow de développement.

Brève introduction aux frameworks populaires : React, Angular et Vue.js

---

Le développement frontend a évolué à un rythme rapide ces dernières années, avec l'apparition de frameworks et de bibliothèques puissantes qui aident les développeurs à créer des applications web interactives et performantes. Trois des plus influents dans ce domaine sont React, Angular et Vue.js. Voici une introduction à chacun d'eux :

1. React

- **Création** : React est une bibliothèque JavaScript pour la construction d'interfaces utilisateur, développée par Facebook en 2013.

- **Particularités** :
  - **Composants** : React met l'accent sur la création d'éléments réutilisables appelés composants.
  - **Virtual DOM** : React utilise un Virtual DOM pour garantir des mises à jour efficaces et rapides de l'interface utilisateur.
  - **JSX** : Introduit une syntaxe appelée JSX, qui permet d'écrire des composants en utilisant une syntaxe qui ressemble à du HTML.

- Utilisation : Utilisé par Facebook, Instagram et d'autres grandes entreprises.

2. Angular

- **Création** : Angular est un framework développé par Google et lancé en 2010 sous le nom d'AngularJS. Il a ensuite été complètement réécrit et relancé sous le nom d'Angular en 2016.

- Particularités :
  - Framework complet : Angular est un cadre tout-en-un, fournissant des outils pour le routing, la gestion des formulaires, le HTTP, et plus encore.

- TypeScript : Angular est écrit en TypeScript, un sur-ensemble typé de JavaScript, ce qui apporte des fonctionnalités de programmation orientée objet et un typage statique.

- Two-way binding : Il synchronise automatiquement les modèles et les vues, permettant une mise à jour immédiate de l'interface utilisateur lorsqu'un modèle change.

- Utilisation : Google, Microsoft Office Home et d'autres grandes entreprises l'utilisent pour certains de leurs projets.

3. Vue.js

- Création : Vue.js est un framework progressif créé par Evan You en 2013 après avoir travaillé chez Google sur Angular.

- **Particularités :**

　- Facilité d'intégration : Conçu pour être progressivement adoptable, Vue peut être intégré dans des projets existants ou utilisé pour construire des applications complexes.

　- Réactivité : Vue fournit un système réactif qui est très simple et optimisé pour la performance.

　- Composants : Comme React, Vue met l'accent sur une architecture basée sur les composants.

- Utilisation : Alibaba, Xiaomi et d'autres entreprises mondiales ont adopté Vue.js pour leurs applications front-end.

Conclusion : Le choix entre React, Angular et Vue.js dépendra des besoins spécifiques du projet, de l'équipe et des préférences personnelles. Chacun a ses forces et ses faiblesses, mais tous sont capables de créer des applications web modernes et performantes. Il est important de noter que le paysage des frameworks et bibliothèques JavaScript évolue constamment, il est donc crucial de rester informé et d'être prêt à apprendre et à s'adapter.

Conseils de performance pour le développement avec JavaScript et les frameworks

Optimiser la performance est essentiel dans le développement web. Un site ou une application web lente peut entraîner une mauvaise expérience utilisateur, des taux de conversion plus faibles et, finalement, des pertes financières pour les entreprises. Voici quelques conseils pour améliorer les performances lorsque vous travaillez avec JavaScript et ses frameworks populaires :

1. Minimisez et compressez votre code

Minification : Utilisez des outils comme Terser ou UglifyJS pour réduire la taille de vos fichiers JavaScript.

Compression : Servez vos fichiers avec la compression gzip ou Brotli pour réduire le temps de transfert.

2. Utilisez le Lazy Loading

En différant le chargement de certaines ressources jusqu'à ce qu'elles soient nécessaires, vous pouvez réduire le temps de chargement initial. C'est particulièrement utile pour les images, les vidéos et les modules JavaScript.

3. Optez pour le Virtual DOM

Si vous utilisez React ou Vue, profitez du Virtual DOM pour limiter les mises à jour du DOM réel, qui sont coûteuses en termes de performance.

4. Evitez les références inutiles

Les fuites de mémoire peuvent ralentir vos applications. Évitez de garder des références inutiles qui empêchent le ramasse-miettes (garbage collector) de libérer la mémoire.

5. Utilisez le Debouncing et le Throttling

Lors de l'écoute d'événements fréquents comme le défilement ou la saisie clavier, utilisez des techniques comme le debouncing et le throttling pour limiter le nombre d'appels de fonctions.

6. Optimisez les boucles

Evitez d'utiliser des fonctions coûteuses dans les boucles, et préférez les boucles for classiques aux méthodes comme forEach pour les opérations intensives.

7. Réduisez le nombre de requêtes HTTP

Chaque requête HTTP a un coût. Utilisez des techniques comme la concaténation de fichiers, les sprites CSS et le regroupement de modules pour réduire le nombre de requêtes.

8. Utilisez des Content Delivery Networks (CDN)

Un CDN peut servir vos fichiers depuis des serveurs situés géographiquement près de vos utilisateurs, réduisant ainsi les temps de latence.

9. Optez pour le Tree Shaking

Si vous utilisez des outils comme Webpack, profitez du tree shaking pour éliminer le code mort et réduire la taille de votre bundle.

10. Testez et profilez

Utilisez des outils comme Lighthouse, Chrome DevTools ou d'autres profilers pour évaluer régulièrement les performances de votre site ou application et identifier les goulots d'étranglement.

11. Restez à jour

Les bibliothèques et frameworks sont constamment mis à jour avec des optimisations de performance. Assurez-vous de mettre régulièrement à jour vos dépendances.

Conclusion : Une performance optimale est essentielle pour offrir une expérience utilisateur agréable. En gardant à l'esprit ces conseils et en utilisant les outils appropriés, vous pouvez construire des applications web rapides et réactives qui satisferont vos utilisateurs.

Conseils de sécurité pour le développement avec JavaScript et les frameworks

La sécurité est primordiale lors du développement d'applications web. Des vulnérabilités dans le code peuvent mener à des attaques, des vols de données, et d'autres conséquences désastreuses. Voici quelques conseils pour renforcer la sécurité de vos applications JavaScript :

1. Évitez le Cross-Site Scripting (XSS)

Ne jamais faire confiance aux données entrées par l'utilisateur sans validation.

Utilisez des fonctions d'échappement pour les données qui seront rendues dans le DOM.

Les frameworks modernes comme React ou Vue échappent automatiquement le contenu, mais restez vigilant.

2. Sécurisez les données sensibles

N'exposez jamais d'informations sensibles, comme des clés API, dans le code client.

Utilisez HTTPS pour chiffrer les données en transit.

3. Évitez le Cross-Site Request Forgery (CSRF)

Utilisez des tokens CSRF lors de la soumission de formulaires pour s'assurer que les requêtes proviennent d'une source légitime.

4. Prévenez le Cross-Site Script Inclusion (XSSI)

Ne servez pas de JSON sensible avec des préfixes d'objet ou de tableau pour empêcher les inclusions de scripts malveillants.

5. Contrôlez les sources de vos dépendances

Utilisez des outils comme npm audit pour vérifier les vulnérabilités dans vos dépendances.

Mettez régulièrement à jour vos bibliothèques et frameworks.

6. Implémentez une politique de sécurité du contenu (Content Security Policy, CSP)

Une CSP vous permet de spécifier quelles ressources externes peuvent être chargées, offrant ainsi une protection contre certaines attaques.

7. Évitez d'exposer des détails d'implémentation

Les messages d'erreur détaillés peuvent fournir des indices aux attaquants. Veillez à ne pas exposer des détails sensibles, notamment dans les environnements de production.

8. Limitez l'exposition de l'API

N'exposez que les points de terminaison nécessaires.

Implémentez une authentification et une autorisation solides pour votre API.

9. Vérifiez toujours l'origine des événements postMessage

Lors de l'utilisation de l'API window.postMessage, vérifiez toujours l'origine de l'événement pour éviter les attaques de type "man in the middle".

10. Évitez d'utiliser eval()

La fonction eval() exécute du code JavaScript depuis une chaîne de caractères, ce qui peut être dangereux si la chaîne contient du code malveillant.

11. Utilisez des tokens pour l'authentification

Plutôt que de s'appuyer sur des sessions, envisagez d'utiliser des tokens comme JWT (JSON Web Tokens) pour l'authentification et l'autorisation.

Conclusion : Gardez à l'esprit que la sécurité est un processus continu, et non un état à atteindre. La veille technologique, les tests réguliers et l'éducation de votre équipe sont essentiels pour garantir la sécurité de vos applications. Assurez-vous de toujours suivre les meilleures pratiques et de rester à jour avec les dernières menaces et vulnérabilités.

Style et conventions de codage pour JavaScript

Un style de codage cohérent et des conventions sont essentiels pour maintenir la lisibilité, la compréhension et la maintenance du code. Voici des recommandations générales pour le codage en JavaScript :

1. Indentation et espacement

Utilisez 2 ou 4 espaces pour l'indentation (selon la préférence de votre équipe) plutôt que des tabulations.

Placez un espace avant la liste des paramètres dans les déclarations de fonctions : function nom(param1, param2) {}

Utilisez des espaces autour des opérateurs : var x = y + z;

2. Nommage

Utilisez le camelCase pour les noms de variables et de fonctions: var maVariable; function maFonction() {}

Utilisez le PascalCase pour les noms de constructeur ou de classe: class MaClasse {}

Les constantes doivent être en MAJUSCULES: const MA_CONSTANTE = 'Valeur';

Donnez des noms descriptifs et évitez les abréviations.

3. Déclarations

Déclarez toujours les variables avec let, const ou var (de préférence let ou const).

Déclarez une variable par ligne.

4. Points-virgules

Utilisez des points-virgules à la fin des instructions pour éviter les pièges de l'insertion automatique de point-virgule.

5. Guillemets

Soyez cohérent avec l'utilisation des guillemets simples ' ' ou doubles " ". De nombreuses équipes préfèrent les guillemets simples.

6. Parenthèses

Utilisez des parenthèses pour clarifier la priorité dans les expressions complexes: var resultat = (a + b) * c;

7. Blocs

Placez toujours les accolades sur la même ligne que la déclaration de fonction ou l'instruction de contrôle.

Créer un petit jeu en JavaScript est une excellente manière de pratiquer et d'apprendre le langage en profondeur. Voici un exemple simple d'un jeu de devinettes, où l'ordinateur choisit un nombre entre 1 et 100, et le joueur doit le deviner :

1. Structure HTML

```html
<!DOCTYPE html>
<html lang="fr">
<head>
    <meta charset="UTF-8">
    <title>Devinette</title>
</head>
<body>
    <h2>Devinez le nombre (1-100)</h2>
    <input id="guess" type="number" min="1" max="100">
    <button onclick="check()">Tenter</button>
    <p id="msg"></p>

    <script src="game.js"></script>
</body>
</html>
```

2. JavaScript

Créez un fichier script.js et ajoutez-y le code suivant :

```javascript
let num = Math.floor(Math.random() * 100) + 1;
let tries = 0;

function check() {
    let guess = document.getElementById("guess").value;
    tries++;
    if (guess < num) {
        setMessage("Trop bas! Essai " + tries);
    } else if (guess > num) {
        setMessage("Trop haut! Essai " + tries);
    } else {
        setMessage("Bravo! Essais : " + tries);
        resetGame();
    }
}
```

```javascript
function setMessage(message) {
    document.getElementById("msg").innerText = message;
}

function resetGame() {
    num = Math.floor(Math.random() * 100) + 1;
    tries = 0;
}
```

Avec ce code simplifié, l'utilisateur devine toujours un nombre entre 1 et 100. Le nombre d'essais est affiché avec chaque tentative. Si l'utilisateur réussit à deviner le bon nombre, le jeu est réinitialisé pour un nouveau tour.

Quiz JavaScript : Testez vos connaissances !

Quelle est la syntaxe correcte pour écrire un commentaire sur une ligne en JavaScript ?

A. <!--This is a comment-->

B. //This is a comment

C. --This is a comment--

D. **This is a comment**

Comment déclarez-vous une variable en JavaScript ?

A. var name;

B. variable name;

C. v name;

D. declare name;

Quelle instruction est utilisée pour tester une condition ?

A. for

B. switch

C. if

D. loop

Comment écrivez-vous "Hello World" dans une boîte d'alerte ?

A. alertBox("Hello World");

B. msg("Hello World");

C. alert("Hello World");

D. msgBox("Hello World");

Comment pouvez-vous ajouter un commentaire sur plusieurs lignes en JavaScript?

A. //This is a comment

B. /*This is a comment*/

C. --This is a comment--

D. <>This is a comment<>

Quelle méthode supprime le dernier élément d'un tableau ?

A. last()

B. get()

C. pop()

D. push()

Quelle est la syntaxe correcte pour se référer à un script externe appelé "script.js" ?

A. <script href="script.js">

B. <script name="script.js">

C. <script src="script.js"></script>

D. <script file="script.js">

Conclusion du cours sur JavaScript

Au travers de ce cours, nous avons exploré le vaste et dynamique monde de JavaScript, un des langages de programmation les plus utilisés à l'heure actuelle. Depuis ses humbles débuts comme simple langage de script pour le web, JavaScript s'est développé pour devenir la pierre angulaire de nombreuses applications web modernes, ainsi qu'une plateforme pour le développement côté serveur avec Node.js.

Nous avons commencé par comprendre les bases du langage, de la syntaxe aux types de données, en passant par les opérations et les structures de contrôle. Les concepts avancés comme l'asynchronicité, les fermetures et la gestion des erreurs nous ont permis d'appréhender les subtilités et la puissance de JavaScript. Le Document Object Model

(DOM) nous a donné un aperçu de la manière dont JavaScript interagit avec le contenu web, rendant les pages dynamiques et interactives.

Ensuite, une introduction à Node.js nous a montré que JavaScript n'était pas limité au navigateur. Enfin, en jetant un coup d'œil aux frameworks populaires comme React, Angular et Vue.js, nous avons vu comment ils facilitent le développement d'applications complexes.

Pour clôturer notre exploration, nous avons créé un petit jeu, illustrant comment intégrer les concepts appris dans une application concrète.

En tant que développeur, maîtriser JavaScript ouvre un monde d'opportunités. Cependant, le véritable apprentissage commence maintenant, avec la pratique et la mise en application régulière de ce que vous avez appris. N'hésitez pas à approfondir, à expérimenter et, surtout, à construire.

Réponses au quiz :

1 : B

2 : A

3 : C

4 : C

5 : B

6 : C

7 : C

Bon codage !

Printed by Amazon Italia Logistica S.r.l.
Torrazza Piemonte (TO), Italy